LA FRANCE
DRAMATIQUE
AU
DIX-NEUVIÈME SIÈCLE.

Vaudeville.

LE COFFRE-FORT,
COMÉDIE-VAUDEVILLE EN UN ACTE.

559

PARIS

J.-N. BARBA,	DELLOYE,	BEZOU,
AU PALAIS-ROYAL,	RUE DES FILLES-S.-THOMAS,	BOULEVARD S.-MARTIN,
Derrière le Théâtre-Français.	Près de la Bourse.	Et rue Meslay, n° 34.

AU MAGASIN GÉNÉRAL DES PIÈCES DE THÉATRE
DE **Ch. TRESSE**, SUCCESSEUR DE **J.-N. BARBA**,
Palais-Royal, Grande Cour, derrière le Théâtre-Français.

1839

LE COFFRE-FORT

COMÉDIE-VAUDEVILLE EN UN ACTE,

PAR M. GUSTAVE VAËZ,

Représentée pour la première fois, à Paris, sur le théâtre du Vaudeville,
le 29 novembre 1839.

DISTRIBUTION DE LA PIÈCE.

DUTERRIER, propriétaire............................ MM. LEPEINTRE jeune.
ROBERT. .... BARDOU.
EUGÈNE.. COURCY.
FRANÇOISE, petite-fille du portier................. Mmes E. TAIGNY.
ÉLISE, fille de Duterrier........................... A. MARTIN.
DEUX DOMESTIQUES.

La scène se passe à Paris, dans la maison de M. Duterrier.

La cour intérieure de la maison de Duterrier. Deux corps de bâtiments latéraux; au fond, un jardin; à droite, au premier plan, la loge du portier; un peu plus loin, du même côté, l'entrée du vestibule aboutissant à la porte cochère. A gauche, au premier plan, l'entrée du grand escalier; au fond, près du jardin, un second escalier plus petit.

SCÈNE I.

FRANÇOISE, seule, assise devant la loge, s'occupant à raccommoder des bas, et lisant un cahier de chansons posé sur ses genoux.

« Coq-à-l'âne... » Tiens, Coq-à-l'âne... un drôle de titre. « Air à faire. » Voyons, faisons un air.

(Elle chante.)

«J'ai vu la frontière,
« Dans une rivière,
« Sur un réverbère,
« Jouer du violon.
« J'ai vu des grenouilles
« Qui faisaient patrouille
« Dans une citrouille
« Avec des canons.»

(s'interrompant.)

Des grenouilles avec des canons?... C'est drôle... je ne comprends pas cette romance-là... C'est peut-être tiré d'un opéra-comique; alors, faut connaître le sujet. (levant les yeux.) Ah! voilà le vieux solitaire de la mansarde qui regarde à sa lucarne... C'est ça un être logogriphe... toujours à observer, à flairer, sans dire un mot. Que peut venir faire chez lui tous les matins monsieur Eugène... ce jeune homme qui s'arrête toujours à causer avec moi quand mon père n'est pas dans la loge?... Qu'il veut me faire la cour... ça, c'est bien aisé à voir; ce n'est pas pour les beaux yeux d'un vieux laid qu'il viendrait tous les jours.

SCÈNE II.

FRANÇOISE, DUTERRIER.

DUTERRIER, paraissant dans le jardin, en robe de chambre, un petit arrosoir à la main.
Françoise!

FRANÇOISE.
Voilà le propriétaire qui a fini d'arroser ses fleurs.

DUTERRIER.
Qu'est-ce que vous faites là?

FRANÇOISE.
Monsieur, je balaie la cour.

DUTERRIER.
Avec un cahier de chansons?

Nota. Les personnages sont placés en tête de chaque scène comme ils doivent l'être au théâtre; le premier occupe la droite de l'acteur.

1

FRANÇOISE, se levant.

Çà, monsieur, c'est un cadeau d'un aveugle...

DUTERRIER, donnant son arrosoir.

Prenez ceci.

FRANÇOISE.

Vous avez donc été arroser ce matin, monsieur?... Il a plu hier au soir.

DUTERRIER.

J'aime à voir lever l'aurore... je suis descendu à neuf heures dans mon jardin... la verdure excite l'appétit, et puis quand on est propriétaire d'un jardin à Paris, ce qui est rare, il faut bien en jouir... Je ferai construire devant mon jet d'eau un petit rocher; on met entre les pierres des petits limaçons peints et des lézards; c'est très joli, et puis ça fait peur aux dames.

FRANÇOISE.

Vous y dépensez fièrement d'argent à votre jardin...

DUTERRIER.

On est riche ou on ne l'est pas; et quand on l'est, on n'a pas besoin de sortir pour aller chercher la campagne; on fait venir la nature chez soi. Je n'ai qu'à monter mon imagination, et...

AIR de la Robe et des Bottes.

Les environs sont pour moi dans la ville;
J'ai ma terrasse; irais-je à Saint-Germain?
Dans mes lilas je suis à Romainville;
Faut-il Versaille? eh bien! j'ai mon bassin.
Montmorency, dans tes forêts je flâne
Lorsque je suis sous mon petit buisson.

FRANÇOISE.

Vous voulez faire alors un' parti' d'ânes,
Et vous montez... votre imagination.

DUTERRIER, à part.

Y aurait-il calembourg avec préméditation? (haut.) Françoise, allez remiser mon petit rateau et ma pelle.

FRANÇOISE.

Sitôt que mon père sera rentré.

DUTERRIER.

Comment! il est encore sorti?

FRANÇOISE.

Dam', monsieur, il dit que vous l'envoyez par tout Paris porter des lettres d'invitation.

DUTERRIER.

Ah! c'est juste, pour mon bal... je n'y pensais plus... je n'y pensais plus... Je vais envoyer ma fille cueillir toutes les fleurs du jardin... Mes oreilles-d'ours sont ouvertes; cela ornera...

FRANÇOISE.

Si mam'selle Élise veut que je l'aide...

DUTERRIER.

Mademoiselle Françoise, ma fille n'a pas l'habitude de se commettre avec mes gens; entendez-vous.

AIR : Adieu, je compte sur Zora (Gitana).

Allez bien vite balayer;
Qu'aujourd'hui chaque étage
Soit pur et sans nuage.
Dépêchez-vous de balayer,
Surtout la cour et l'escalier.
Cessez aussi de roucouler, ma chère;
Je n'aime pas ces airs de mauvais ton...

FRANÇOISE, à part.

Ah ben! moi, du propriétaire
Je n'aim' ni l'air, ni la chanson.

ENSEMBLE.

Je vais bien vite balayer,
Aujourd'hui chaque étage
S'ra propre et sans nuage;
Oui, je vais vite balayer,
Surtout la cour et l'escalier.

DUTERRIER.

Allez bien vite balayer, etc.

(Il sort par la droite.)

SCÈNE III.

FRANÇOISE, puis ROBERT.

FRANÇOISE, prenant son balai et balayant.

Propriétaire, mon chérubin, vous êtes ennuyeux comme onze jours de dégel. Ah! voilà l'autre, le logogriphe. Faut cependant que je découvre ce qui en est... (Robert entre et s'arrête à contempler le jardin.) L'inspection va commencer... Je vous demande un peu ce qu'il trouve à regarder toujours la même chose :

« C'est le solitaire
« Qui voit tout,
« Qui sait tout,
« Qui... »

Bonjour, monsieur Robert.

ROBERT, à soi-même.

Que de souvenirs!...

FRANÇOISE, à part.

Il resterait là deux heures... (haut.) Dites donc, monsieur Robert... (à part.) Six chevaux attelés ne lui tireraient pas un mot. (haut.) Monsieur Robert!

ROBERT.

Ah! c'est vous, petite; bonjour.

FRANÇOISE.

Est-ce que vous cherchez quelque chose?

ROBERT.

Moi... non, rien, rien.

FRANÇOISE.

C'est que vous regardiez ce jardin...

ROBERT.

Oui.

FRANÇOISE.

Et vous avez l'air tout ému.

ROBERT.

Non... je m'en vais.

(Il se dirige vers la porte de la rue.)

FRANÇOISE, à part.

Je ne redirai à personne ce qu'il m'a confié.

ROBERT, revenant.

Ah! si quelqu'un vient me demander...

FRANÇOISE.

Monsieur Eugène? Il n'y a jamais que lui qui vienne vous voir... Aussi, pour ça, il vient tous les jours. (à part.) Et un peu pour moi aussi.

ROBERT, avec satisfaction.

Oui, oui, il ne manque jamais. Vous l'avez remarqué...

FRANÇOISE.

C'est qu'il a une figure qui prévient joliment en sa faveur; moi, je...

ROBERT.

N'est-ce pas qu'il est bien... un air distingué... une tournure...

FRANÇOISE.

Vous paraissez bien tenir à ses visites, aussi!

ROBERT.

Vous lui direz que je ne tarderai pas à rentrer.

(Il sort.)

SCÈNE IV.

FRANÇOISE, puis ÉLISE.

FRANÇOISE.

Il fait le sourd... C'est louche... c'est très louche... Tiens, bonjour, mam'selle Élise.

ÉLISE.

Bonjour, Françoise; je vais au jardin cueillir des fleurs pour garnir les corbeilles ce soir; voulez-vous venir m'aider?

FRANÇOISE.

Ah! oui, monsieur m'a joliment rembarrée quand je lui ai offert.

ÉLISE.

J'aurais voulu causer avec vous, mais ce sera pour une autre fois.

FRANÇOISE, la retenant doucement par le bras.

Mais non, restons ici un petit peu ensemble...

ÉLISE.

C'est que mon père... s'il me voyait...

FRANÇOISE.

Bon... il a la vue basse. Vous avez donc à me parler en secret?

ÉLISE.

Je vous ai vue bien longtemps hier dans la cour avec un jeune homme.

FRANÇOISE.

Ah! monsieur Eugène... Oui, oui, oui, c'est mon amoureux.

ÉLISE.

Votre amoureux?

FRANÇOISE.

C'est-à-dire, il ne me l'a pas encore avoué... il n'ose pas, mais il ne faut pas être bien maligne... Il a voulu d'abord se mettre bien avec mon père... et ça n'a pas été long... Au bout d'une pièce de cinq francs de conversation, ils étaient les meilleurs amis du monde. Il vient ici soi-disant pour monsieur Robert, un vieux astronome qui demeure au premier en descendant du ciel... que mon père ne peut pas souffrir...

AIR *du Château perdu.*

Parc' qu'il prétend que c'n'est qu'un anarchiste,
Pour des profits avec lui pas l'denier.
Il m'fait l'effet d'un fier économiste...
De la bûch' même il frustre le portier.
Lettr's ou papiers pour lui n'arrivent guères;
En fait d'journaux, des vieux, v'là tout c'qu'il a,
Il dit qu'ce sont des papiers incendiaires;
J'crois qu'il n'se chauff, ma foi! qu'd'ce bois-là.

ÉLISE.

Quoi! Françoise, vous penseriez que monsieur Eugène ne vient que pour cet homme?

FRANÇOISE.

Non, je crois plutôt que ce n'est qu'un prétexte pour voir celle qu'il aime.

ÉLISE.

Oui, n'est-ce pas?

FRANÇOISE.

Hier encore il est resté une grande bonne heure et quart à causer avec moi... C'est donc vous qui étiez derrière le rideau?

ÉLISE.

Et que vous disait-il... qu'il est amoureux de vous?

FRANÇOISE.

Voilà la malice; il cause de tout autre chose, il m'a parlé de vous... Attendez donc... qu'est-ce qu'il me disait encore?... Ah! oui... que... Non, ça, c'était une autre fois. Est-ce que je sais, moi, tout ce qu'il ne me raconte pas? Il fait celui qui n'a rien à me dire... Les hommes sont si malins!

ÉLISE.

Je le rencontre partout où nous allons.

FRANÇOISE.

Voyez, quel hasard!

ÉLISE.

Je l'ai remarqué parce qu'il me regarde toujours.

FRANÇOISE.

Tiens, tiens, tiens, c'est qu'il pense à moi... parce que vous me voyez quand vous voulez... Il voudrait bien être à votre place.

ÉLISE.

Oui, c'est peut-être cela.

(Coup de marteau à la porte.)

FRANÇOISE.

On frappe... attendez là une minute; je suis sûre que c'est lui, vous le verrez.

(Elle disparaît par la droite.)

ÉLISE, seule.

Pauvre Françoise! elle croit vraiment que c'est pour elle.

AIR d'*Yelva*.

Mais je la plains, et moi-même peut-être
Pour mon bonheur je dois craindre en ce jour ;
   Car mon père voudra connaître
   Celui qui sut m'inspirer de l'amour.
Quel est son rang ? J'ignore, hélas ! s'il brille...
Quand je sens jà que je puis l'estimer,
Moi, pour l'aimer, du nom de sa famille
Je n'ai pas eu besoin de m'informer.

FRANÇOISE, revenant.

C'était le lait de monsieur Robert. Ah !... quel
goût de farine il a !...

ÉLISE.

Au revoir, Françoise.

FRANÇOISE.

Vous partez ?

ÉLISE.

Oui, je vais cueillir mes fleurs.

FRANÇOISE.

Eh bien ! au revoir, mam'selle Élise. Si mon
père rentre, je viendrai vous donner un coup de
main sans que monsieur en ait mal à la tête.

(Elle remonte le théâtre avec Élise qui disparaît dans
le jardin.)

SCÈNE V.

EUGÈNE, FRANÇOISE.

EUGÈNE, regardant dans la loge.

Personne !

FRANÇOISE, se retournant.

Tiens, quand on parle du loup... Bonjour,
monsieur Eugène.

EUGÈNE.

Monsieur Robert est-il chez lui ?

FRANÇOISE.

Non, monsieur Eugène.

EUGÈNE.

Déjà sorti !

FRANÇOISE.

Mais il m'a dit qu'il allait rentrer.

EUGÈNE.

C'est bien, je reviendrai.

FRANÇOISE, à part.

S'en aller quand je suis toute seule...

EUGÈNE, jetant un coup d'œil dans le jardin.

C'est elle ! (haut.) Monsieur Robert ne vous a-
t-il pas chargé de me dire que je dois l'attendre ?

FRANÇOISE, à part.

Hem !... il ne s'en va pas. (haut.) Dam' ! monsieur Eugène, il ne m'a pas dit ça absolument...
mais si vous voulez.... en causant avec moi...

EUGÈNE, remontant vers le jardin.

Elle est seule...

FRANÇOISE, chantant.

« Jeune fille aux yeux noirs... »
Il n'est pas pressé d'entamer la conversation...

Disons-lui quelque chose pour l'encourager.
(haut.) Il fait bien beau, ce matin, monsieur
Eugène.

EUGÈNE, revenant vers elle.

Oui, c'est ce que je pensais en regardant les
fleurs de ce jardin.

FRANÇOISE.

Monsieur Robert les a joliment regardées aussi
ce matin. Il me fait l'effet d'un fier original,
tout de même, monsieur Robert ; et puis, il a un
défaut, un grand défaut : il ne parle jamais...
Moi, je n'aime pas les gens qui ne disent rien.
Comment voulez-vous qu'on sache à quoi s'en
tenir sur les motifs d'une personne ? Il vaut bien
mieux expliquer ce qu'on a dans le cœur ; on
dit : « Mademoiselle... voilà ; ça vous convient-il ?
oui ou non ? »

EUGÈNE, à part.

Saurait-elle...

FRANÇOISE.

Après tout, si ça ne convient pas, on ne vous
mange pas pour ça.

EUGÈNE.

AIR : *Restez, restez, troupe jolie.*

Vous avez deviné, ma chère ;
Il est vrai, je suis amoureux,
Et, bien plus encor, je sais plaire ;
J'espère voir combler mes vœux ;
Je suis aimé, je suis heureux.

FRANÇOISE.

Quoi ! l'on vous aime ?

(à part.)

En conscience,
C't aplomb-là d'vrait être interdit.

EUGÈNE.

Mais, oui, je dis ce que je pense...

FRANÇOISE, à part, en souriant.

Et moi, je pense ce qu'il dit.

EUGÈNE.

Mais il faut que mon sort se décide ; aujour-
d'hui, j'irai demander celle que j'aime à son
père.

(Il remonte le théâtre.)

FRANÇOISE, à part.

M'épouser ! Voilà un honnête jeune homme !
(haut, les yeux baissés.) Monsieur, la volonté de
mon père sera sacrée pour moi, et vous pouvez
être sûr qu'il acceptera ... (à part.) Il ne dit plus
rien... (levant les yeux.) Il n'était pas seulement
auprès de moi... Qu'est-ce qu'il regarde ? les
oreilles-d'ours du propriétaire ?

EUGÈNE, près de la grille du jardin.

Elle m'a vu !

FRANÇOISE, remontant le théâtre.

Qui ?

EUGÈNE.

Elle !

FRANÇOISE, à part, regardant dans le jardin.

Mademoiselle Élise... Elle est devenue rouge
comme un coquelicot, et lui... Est-ce que...

EUGÈNE.

Elle vient... je vais lui parler.

FRANÇOISE, redescendant le théâtre.

C'était pour elle !... Ah ! ma pauvre Françoise, va...

EUGÈNE, à Élise qui sort du jardin.

Élise !

ÉLISE, à Eugène, apercevant Duterrier qui paraît sur le seuil de sa porte.

Chut !... mon père !

EUGÈNE, retournant brusquement auprès de Françoise et feignant d'achever une conversation.

Merci, ma bonne Françoise... Vous direz à monsieur Robert que je vais revenir. (à part.) Quel contre-temps ! (haut.) Je reviens tout à l'heure.

(Il sort.)

FRANÇOISE, à part.

Il fait celui qui ne causait pas avec la fille du propriétaire.

SCÈNE VI.

DUTERRIER, habillé pour sortir ; ÉLISE, FRANÇOISE.

DUTERRIER, brusquement à Françoise.

Avec qui étiez-vous là ?

FRANÇOISE.

C'est un jeune homme qui venait pour voir quelqu'un ; faut-il pas qu'il demande si on y est? Tiens.

DUTERRIER.

Il venait pour te conter fleurette ?

FRANÇOISE.

A moi?

ÉLISE.

Mon père, ne la grondez pas.

FRANÇOISE, à part.

Je vous promets une paire de lunettes à votre fête.

DUTERRIER.

Cette petite me met continuellement hors de mon assiette. Sur ce, je cours faire les dernières commandes pour mon bal... Un jour semblable, on a tant de choses dans la tête!... Je suis sûr que j'oublierai... Ah ! justement... une lettre que j'oubliais de laisser chez mon concierge...

ÉLISE.

C'est celle qui vous a donné tant d'humeur ?

DUTERRIER.

Je voulais la faire significative ; voilà deux fois que je suis persécuté par la même demande. Françoise, prenez cette lettre ; on viendra la chercher de la part de monsieur Legris, homme d'affaires. Retiendrez-vous bien le nom?

FRANÇOISE.

Pardi ! c'est facile ; il n'y a qu'à penser aux couleurs : blanc, jaune, rouge, gris... le gris.

DUTERRIER, à Élise.

Toi, va porter ces fleurs dans le salon. Houm ! comme elles sentent !... on dirait de la pommade. Mais je m'amuse là à respirer, et le temps vole. Tu retourneras cueillir tout ce qui reste.

ÉLISE.

Oui, mon père.

DUTERRIER.

Et vous, à la loge, tout de suite.

FRANÇOISE, à part.

Dans ta niche, caniche. (haut.) Oui, monsieur, j'y vais tout de suite ; je vous suis.

« Adieu, mon beau navire... »

(Élise rentre dans la maison ; Duterrier sort par la coulisse opposée qui est censée communiquer avec la rue ; Françoise fait semblant de le suivre, et reste.)

SCÈNE VII.

FRANÇOISE, seule.

J'y vais tout de suite, monsieur, quand j'aurai pris un peu l'air pour ma santé... J'ai besoin de me remettre, moi qui viens de perdre un amoureux... Quand je dis un amoureux... ça en avait l'air... mais dam', c'est vrai aussi.

AIR : *Moi, j'crois à la sorcière.*
Pour m'conter quelque histoire
Tous les jours il rev'nait ;
Alors comment n'pas croire
Qu'c'est pour moi qu'il en t'nait ?
Il fera beau, tout d'même,
Quand on m'y reprendra !
Jamais on n'me tromp'ra...
Je n'croirai plus qu'on m'aime
Que lorsqu'on me l'dira.

Comme ça je ne serai plus attrapée. (lisant l'adresse de la lettre qu'elle tient à la main.) « A monsieur Legris. » Tiens, il me demande si je retiendrai bien le nom, et c'est écrit... Il croit peut-être que je ne sais pas lire... Il écrit encore pas mal, tout d'même, pour un vieux ; c'est comme brodé... (faisant jouer la lettre de manière à lire ce qui est en dedans.) Certainement je sais lire... ce n'est pas curiosité, mais seulement pour lui prouver que je sais lire. (lisant.) « Il est donc inutile de revenir de rechef à la charge... Je ne refuse pas cependant de faire un petit sac... (retournant la lettre pour retrouver la ligne suivante.) rifice... un petit sacrifice, à la condition qu'on ne le reverra jamais en France... »

SCÈNE VIII.

ROBERT, FRANÇOISE.

ROBERT.

Je vous demande pardon si je vous dérange.

FRANÇOISE.

Ah !

(Elle cache la lettre dans sa poche.)

ROBERT.

Vous étiez occupée ?

FRANÇOISE.

Monsieur Eugène est venu.

ROBERT, avec joie.

Ah !... et est-ce qu'il est reparti ?

FRANÇOISE.

Oui ; mais il a dit qu'il reviendrait.

ROBERT.

Ah ! bien. Le propriétaire ne vous a-t-il pas donné une lettre ?

FRANÇOISE.

Une lettre ?

ROBERT.

C'est sans doute celle que vous lisiez là... Donnez.

FRANÇOISE.

Moi, monsieur ! est-ce que je lisais ?... je n'ai pas vu ça.

ROBERT.

Donnez toujours.

FRANÇOISE.

Elle est donc pour vous ?

ROBERT.

Monsieur Legris, à qui elle est adressée, m'a chargé de...

FRANÇOISE.

Monsieur, la voilà. (à part.) C'est drôle... et il a l'air de me dire de m'en aller encore... Je donnerais bien trois sous pour savoir ce que ça signifie.

(Elle sort.)

SCÈNE IX.

ROBERT, seul.

(Il lit la lettre tout bas, puis la froisse entre ses mains.)

Je m'attendais à cette réponse, mais je la voulais écrite de sa main... Il refuse ; tout cela par vanité, par orgueil. Moi qui étais venu me loger, me cacher, pour ainsi dire, dans sa maison, pour observer, pour découvrir quels étaient ses sentiments actuels, et s'il était possible... Mais non... il refuse... Eh bien ! j'accomplirai mon projet ; c'est son orgueil que j'humilierai. Mais mon pauvre Eugène, comment lui dire à présent : « Tu es pauvre ; de toute la fortune de ton père, voilà ce qui te reste... quelques pièces d'or que sa main peut contenir ! » Avoir mis trente ans à réparer les erreurs de ma jeunesse... et cette fortune si péniblement amassée... en un instant perdue, engloutie !... Il faut pourtant finir par l'avouer à mon fils... C'est lui... essayons.

SCÈNE X.

EUGÈNE, ROBERT.

EUGÈNE.

Bonjour, mon père.

ROBERT.

Bonjour, Eugène... Tu es gentil, aujourd'hui... à la bonne heure... cependant ta mise n'est pas encore comme je voudrais. Tu es bien, sans doute ; mais j'aimerais que tout le monde dît : « Monsieur Eugène, c'est un élégant ! »

EUGÈNE.

A quoi bon ?

ROBERT, à part.

Au fait, ça ne conduit pas trop à ce que j'ai à lui dire. (haut.) Je t'attendais, Eugène ; j'ai à te parler.

EUGÈNE.

Moi aussi, j'ai une confidence à vous faire.

ROBERT.

Eugène, tu ne me tutoies jamais... ton père !...

EUGÈNE.

Oh ! penses-tu que ce soit manque de tendresse ? Ce serait bien mal me connaître... Je ne sais, peut-être est-ce parce que nous avons toujours été séparés... Et puis je n'ai pas ta confiance... tu as des secrets pour moi... cela m'afflige et me contraint malgré moi...

ROBERT.

Tu sauras tout aujourd'hui.

EUGÈNE.

Parle.

ROBERT.

Non, toi d'abord... fais-moi ta confidence, car... ce que j'ai à te dire... ça me coûte, ça me... Parle, toi, le premier... Voyons.

EUGÈNE.

C'est une chose sérieuse.

ROBERT.

Mon Dieu ! tu m'effraies.

EUGÈNE.

Je suis amoureux.

ROBERT.

Amoureux... eh bien ! eh bien ! il n'y a pas de mal. A ton âge, moi, je l'étais de toutes les femmes... Un beau garçon comme toi... elles doivent t'adorer.

EUGÈNE.

Ah ! mon père, il n'est pour moi qu'une seule femme au monde ! et si je ne l'obtiens...

ROBERT.

Et pourquoi ne l'obtiendrais-tu pas ?

EUGÈNE.

Il y a peut-être entre nous une grande diffé-
rence...

ROBERT.

Ah! elle est... elle est peut-être... pauvre?
hein?

EUGÈNE.

Plut au ciel!... Tandis que moi, sans fortune...

ROBERT.

Sans fortune!... Qui est-ce qui t'a dit ça?

EUGÈNE, avec joie.

Quoi! nous serions...

ROBERT.

Voyons, voyons... achève.

EUGÈNE.

Je dois aller la demander à son père quand
j'aurai obtenu ton consentement.

ROBERT.

Mon... Il s'agit de ton bonheur... Et... où de-
meure-t-elle?

EUGÈNE.

Ici.

ROBERT.

Ici?

EUGÈNE.

C'est la fille de monsieur Duterrier.

ROBERT, vivement.

La... la fille de Duterrier... du maître de cette
maison... Et elle t'aime, elle t'aime... elle te l'a
dit?

EUGÈNE.

Oui, mon père.

ROBERT, à part.

O Providence! (haut.) C'est bien, c'est bien,
Eugène; j'approuve cet amour... je l'approuve.
Et monsieur Duterrier... il ne sait pas sans doute
que tu es mon fils?

EUGÈNE.

Rien encore.

ROBERT.

Bien. Garde-toi d'en parler.

EUGÈNE.

Que dis-tu? Craindrais-je de nommer mon
père?... Mon bonheur à ce prix... je n'en voudrais pas.

ROBERT.

Bien, Eugène, bien... Je disais cela parce que
monsieur Duterrier doit croire que je ne suis
pas assez riche... et il te refuserait sa fille... Je
le connais, il voudra un gendre riche, lui; mais
ce sera toi, entends-tu, ce sera toi. Ecoute, tu es
aimé; c'est bien pour la fille... mais au père il
faut faire voir ce que tu vaux... Fais-toi remarquer; suis-les aux spectacles, partout où ils
iront; passe sous leurs fenêtres, à cheval, sur un
joli cheval... Dîne chez ce grand restaurateur...
là, en face.

EUGÈNE.

Mais toi...

ROBERT.

Prends les habits les plus à la mode, des gants
jaunes, des bottes vernies, des chaînes d'or, des
montres avec des breloques, une canne à pomme
d'or ciselée... Fais-toi friser tous les jours...
Tout ce qui annonce la richesse, il faut te le
donner.

EUGÈNE.

Mais toi?

ROBERT.

Si tu n'as plus d'argent... tiens, en voilà... j'en
ai, moi, plus qu'il n'en faut.

(Il lui met de l'or dans la main.)

EUGÈNE.

Mais toi, mon père, toi?

ROBERT.

Moi, il m'en reste encore... tiens, regarde...
(à part.) Ma dernière pièce de vingt francs.

EUGÈNE.

Mais quand tu me donnes toutes les jouis-
sances de la vie, puis-je souffrir que tu restes
ainsi dans une mansarde comme un malheureux?

ROBERT.

Je suis un original, moi.

EUGÈNE.

Quand il pleut, quand il fait froid, tu sors à
pied... pauvrement vêtu, comme te voilà... Il y
a là-dedans un secret... Il faut que tu me le dises
à l'instant.

ROBERT.

Ah! çà, est-ce que tu vas m'empêcher d'être
heureux à ma manière! Je demeure dans une
mansarde parce que c'est mon goût... Là, je
suis tranquille; au premier, il n'y a pas moyen
de dormir. Si je sors à pied, c'est parce que mon
médecin m'a conseillé l'exercice; il n'y a donc
plus que mon pauvre habit... Qu'est-ce qu'il t'a
fait, voyons, pour que tu lui en veuilles ainsi?...
Je l'aime, moi, parce qu'il y a longtemps que
nous nous connaissons.

AIR du Maître du château.

En le brossant aussi je le caresse;
Pour le soigner mon zèle est sans pareil;
Car c'est lui seul qui m'abrite sans cesse
Contre la pluie et le soleil.
Depuis quinze ans nous avons l'habitude,
Lui de m'couvrir et moi de le porter;
Restons unis; ah! sans ingratitude,
Mon vieil ami, pourrais-je te quitter?

EUGÈNE.

Assurément, mon père, je n'exigerai jamais...

ROBERT.

Oh! le jour de ta noce, c'est différent... J'aurai
un habit en queue de morue, un jabot; des bas
de soie noire, et des gants jaunes aussi... très
jaunes; tout ce que tu voudras... là, es-tu con-

tent? Eh bien! jusque-là, laisse-moi mener mon petit bonhomme de train... Va, ne t'inquiète pas de moi; je sais ce que j'ai à faire.

EUGÈNE.

Mais le monde... que doit-il penser... et moi-même... Tu as le cœur trop bien placé, trop généreux, pour que je croie ce que d'autres peuvent soupçonner... que l'avarice...

ROBERT, avec répugnance.

L'avarice!... (à part, vivement, comme frappé d'une idée.) Oh! oui... (haut.) Justement... je suis avare, moi; c'est mon caractère.

EUGÈNE.

Eh bien! reprends cet or auquel je ne devrais plus une jouissance qui ne fût empoisonnée par l'idée de tes privations... Je n'accepte plus rien que le partage de ton sort, quel qu'il soit.

ROBERT.

Tu ne veux donc pas épouser celle que tu aimes?

EUGÈNE.

Mon Dieu!

ROBERT.

Eh bien! fais ce que je te dis.

EUGÈNE.

Mais...

ROBERT.

Mais... je le veux... Monsieur Duterrier donne ce soir un bal; trouve quelqu'un qui te présente.

EUGÈNE.

Mon père, vous vous servez de mon amour pour m'empêcher d'obéir à l'instinct de mon devoir.

ROBERT, avec un peu de brusquerie.

Ton premier devoir est de m'obéir, à moi, ton père.

EUGÈNE, s'éloignant.

Allons, puisque tu ordonnes...

ROBERT, avec bonté, ouvrant les bras de loin.

Eh bien! eh bien! eh bien! on ne vient pas m'embrasser!

EUGÈNE, se jetant dans ses bras.

Mon père!

ROBERT.

Tu es un bon fils, mon trésor, mon orgueil... A présent, cours, obtiens une invitation, et laisse-moi faire.

EUGÈNE.

Oui, oui, mon père.

(Il sort.)

SCÈNE XI.

ROBERT, seul.

Oui, oui, bravo! l'avarice! l'idée est excellente! et ce que je m'étais procuré pour mes premiers projets va servir à mon nouveau plan. (Il tire de sa poche un petit sac rondement plein et le met sous son bras.) Feignons de cacher cela, pour mieux le faire remarquer. (Il appelle.) Françoise! Cette petite fille est curieuse et bavarde... Race d'Ève, croisée de portier... Lui faire deviner quelque chose, c'est l'écrire sur son chapeau. Françoise!

SCÈNE XII.

ROBERT, FRANÇOISE.

FRANÇOISE.

Qui appelle? Voilà.

ROBERT.

Mon déjeuner... vous n'y songez pas?

FRANÇOISE.

J'allais y songer... On vient d'apporter votre lait, avec ça deux œufs frais comme à l'ordinaire.

ROBERT, s'oubliant d'abord.

Sont-ils bien frais? (se reprenant.) Qu'est-ce que c'est... des œufs... Je n'en veux plus, c'est trop cher! Trois sous tous les jours, cela fait quatre livres dix sous par mois, cinquante-quatre francs par an... c'est effroyable... l'intérêt de mille quatre-vingts francs! Plus d'œufs, les marchands sont des voleurs.

FRANÇOISE.

Eh bien! achetez une poule, vous la mettrez dans le pigeonnier sur votre carré, basse-cour au quatrième au-dessus de l'entresol... Je vas faire chauffer votre lait.

ROBERT.

Non, je le veux froid... Le faire chauffer, pour qu'au bout du mois vous me comptiez votre braise à des prix fous... Vous vous entendez tous pour me ruiner.

FRANÇOISE, à part.

Le ruiner en braise... Fait-il une figure à trois quarts de perte!

ROBERT.

Donnez-moi mon lait que je le monte moi-même... Je n'aime pas qu'on me serve. (à part.) Ah! un trait d'avare!... ma pièce de vingt francs... Mais la dernière qui me reste, la sacrifier ainsi!... N'importe c'est placer à intérêt.

(Il la laisse tomber.)

FRANÇOISE, qui a disparu un moment et qui rentre avec une boîte à lait.

Eh! monsieur Robert, vous perdez quelque chose!

ROBERT.

Moi... quoi donc... du papier?...

FRANÇOISE.

Non, de l'argent, et du jaunet encore; une pièce de vingt francs, rien que ça. (Elle la ramasse.) Tenez, la v'là.

ROBERT.

Elle n'est pas à moi.

FRANÇOISE.

Par exemple!... A moins que ça ne soit la monnaie des dix sous que j'ai changés tout à l'heure.

ROBERT.

Je vous dis qu'ils ne sont pas à moi... Vingt francs! je ne les ai jamais eus... Je voudrais bien pouvoir perdre vingt francs... Voyons... ils brillent!

FRANÇOISE, à part.

Il les regarde avec assez d'appétit, toujours! (haut.) Peut-être bien y a-t-il un trou au sac que vous tenez là.

ROBERT.

Un sac!... qui vous dit que j'aie un sac? C'est mon petit pain... Un sac! Qu'est-ce que je mettrais dans un sac?

FRANÇOISE.

Dam'! qu'est-ce qu'on met dans un sac?

ROBERT.

Seriez-vous capable de répandre le bruit que j'ai de l'argent, ou même de l'or?... Il ne manquerait plus que d'aller bavarder que j'ai égaré vingt francs, pour qu'on croie que j'en ai des sacs tout remplis... Si j'étais riche, pourquoi le cacherais-je?... Ne croyez pas que ce soit de l'argent qu'il y a chez moi dans ce coffre... (Il tâte ses poches.) Ah! mon Dieu! je suis volé!

FRANÇOISE, à part.

Bon! il n'a rien et il est volé; nouez ça ensemble.

ROBERT.

Ma clef!... j'ai laissé ma clef sur mon coffre de fer! Quelqu'un a-t-il monté à ma chambre?

FRANÇOISE.

Non.

ROBERT.

Ni vous, ni mon fils?

FRANÇOISE.

Votre fils!... Est-ce que monsieur Eugène?...

ROBERT.

Eh! oui.

FRANÇOISE, à part.

Comment! c'est son fils!

ROBERT.

Voyons, a-t-il monté?

FRANÇOISE.

Mais non.

ROBERT.

Vous m'en répondrez, si je suis volé.

(Il s'éloigne.)

FRANÇOISE.

Prenez donc vos vingt francs.

ROBERT.

Ils ne sont pas à moi, vous dis-je... Je n'ai pas d'argent; je ne veux pas qu'on vienne m'égorger la nuit. Mon coffre! mon coffre!... Je suis volé!

(Il sort.)

SCÈNE XIII.

FRANÇOISE, seule.

C'était son fils!... et lui, c'est un avare... Ah! ah! ah! en v'là un père par brevet d'invention! un avare!... Je suis sûre que son coffre est rempli d'or et de diamants! Quelle découverte!

AIR *de la barcarolle de l'Elisire d'amore.*

Ah! c'est à mourir de rire!
On l'connaît, l'vieil alguazil;
Il a beau faire et beau dire,
Du mystère je tiens l'fil.
Oui, c'est vraiment très cocasse;
Gardons-nous d'jaser, pourtant;
On pourrait m'app'ler jacasse,
Et ça s'rait injustement;
Mais qu'va dire l'épicier,
    Le fruitier,
    Le charcutier?
Voilà pour un mois entier
Des cancans dans tout l'quartier!

SCÈNE XIV.

FRANÇOISE, ÉLISE, sortant de la maison, puis DUTERRIER, venant de la rue.

ÉLISE.

Qu'avez-vous donc, Françoise? Sauriez-vous...

FRANÇOISE.

Tout, mam'selle, et même quelque chose de plus... un fameux mystère...

ÉLISE.

Quoi donc?

FRANÇOISE, voyant Duterrier qui rentre.

Chut!... monsieur...

(Elle s'éloigne en chantant.)

« Pêcheur, parle bas! »

DUTERRIER *.

Me voilà... Je n'ai pas mis une demi-heure dans une Sylphide à quatre roues... Tout est commandé : les boissons, la victuaille... Vive Paris! C'est-à-dire que je faisais une réflexion tout à l'heure étant en Sylphide : on ne vit qu'à Paris. Pour moi je sens que jamais je n'aurais pu naître en province. (à Élise.) Eh bien! où en es-tu?

ÉLISE.

J'ai déjà garni plusieurs corbeilles.

DUTERRIER.

Il faudra songer aussi à ta toilette... Fais-toi belle, bien belle... car je roule une idée dans ma tête. Tu penses bien que pour donner un bal dans cette saison, il faut avoir une idée... C'est un secret que je voulais garder, mais je sens

---

* Françoise assise devant la loge, Duterrier, Elise.

qu'il va s'échapper... il s'échappe... Je veux te marier.

ÉLISE.

Que dites-vous?

DUTERRIER.

Cela t'afflige! Tu aimerais mieux passer tes jours auprès de celui qui en est le respectable auteur... mais on peut trouver un mari.

ÉLISE, baissant les yeux.

Oui, je crois qu'on peut trouver...

DUTERRIER.

Un bon mari dont la fortune sympathise avec la mienne.

FRANÇOISE, chantant à part.

« La fortune
« Importune
« Me paraît
« Sans attrait. »

DUTERRIER.

D'abord tous les jeunes gens que tu verras ce soir sont pris sur une échelle...

FRANÇOISE, à part.

Une échelle! Est-ce qu'il veut lui donner un couvreur?

DUTERRIER.

De quinze à trente mille livres de rente... ils te feront la cour, et je me charge...

ÉLISE.

O ciel! mon papa, je vous en prie, ne vous pressez pas.

DUTERRIER.

Comment! est-ce que tu aimerais quelqu'un?... Tu ne vois que moi en fait de personnes de mon sexe... Mais j'y pense; ce jeune homme qui s'est esquivé tout à l'heure à mon approche... Je me rappelle maintenant que nous le voyons partout sur nos pas, à la promenade, au spectacle.

ÉLISE, relevant timidement les yeux.

Monsieur Eugène... oui, mon père.

DUTERRIER.

Eugène; qu'est-ce que c'est que ça, Eugène... Comment le connais-tu?

ÉLISE.

AIR du *Petit Courrier.*

Depuis bien longtemps il nous suit,
Et dans ses yeux se peint son âme.

FRANÇOISE.

J'crois qu'il s'ra pour défendr' sa femme
Fièr'ment brav'...

DUTERRIER.

Alors, tout est dit.
Suffit-il, pour que je l'accueille,
Qu'il ait un cœur plein de valeur?

FRANÇOISE.

Faudrait qu'il eût un portefeuille
Orné des vertus de son cœur.

DUTERRIER.

Enfin, qui est-ce?

ÉLISE.

Je ne connais pas sa famille.

FRANÇOISE.

Je la connais, moi.

DUTERRIER.

Toi?

FRANÇOISE.

Pardine! c'est le fils de monsieur Robert!

ÉLISE, avec effroi.

De monsieur Robert!...

DUTERRIER.

Un jeune homme si bien mis, le fils... c'est impossible.

FRANÇOISE.

Il me l'a dit lui-même aujourd'hui, pas plus tard.

DUTERRIER, à Élise.

Tu aurais remarqué le fils d'un locataire de mes mansardes!... Oh! non, tu n'as pu placer ton cœur aussi bas.

FRANÇOISE, à part.

Aussi haut, il veut dire.

ÉLISE.

Et cependant ce monsieur Robert a l'air bien respectable.

DUTERRIER.

Allons donc! un pauvre hère, un mendiant.

ÉLISE.

Il y a quelque chose en lui qui intéresse... C'est un honnête homme; on voit cela sur sa figure.

DUTERRIER.

Je vois sur sa figure... que je vais lui donner congé à l'instant.

ÉLISE.

Quoi! mon père!... vous pourriez...

DUTERRIER, tirant des papiers de sa poche.

Tu vas voir.

FRANÇOISE, à part.

Et dire que la Chambre des députés ne fera pas de loi pour empêcher les pères de contrarier les amours!

DUTERRIER.

Françoise, portez cette quittance à monsieur Robert, et dites-lui qu'il ait à déguerpir... Je suis sûr qu'il ne pourra pas même me payer, et tout son mobilier ne vaut pas seulement vingt francs.

ÉLISE.

Je suis bien malheureuse!

DUTERRIER, à Françoise.

Allez... qu'il me solde mon terme... (à sa fille.) Et vous, mademoiselle, cessez vos jérémiades.

FRANÇOISE.

Dites donc, monsieur, à propos de vingt francs... c'est-il vous qui avez perdu cette pièce d'or ce matin dans la cour?

DUTERRIER.

Ce matin... Non, je n'avais pas d'or sur moi... je n'avais que des billets de banque.

FRANÇOISE.

Eh bien! alors, ça ne peut donc être que lui.

DUTERRIER.

Qui?

FRANÇOISE.

Ben lui, monsieur Robert.

DUTERRIER, avec incrédulité.

Lui, vingt francs en or!

FRANÇOISE.

Allez, monsieur Duterrier, c'est un Harpagon qui fait celui qui n'a pas le sou; mais voulez-vous que je vous dise, il a des trésors... plus gros que vous.

DUTERRIER.

C'est invraisemblable.

FRANÇOISE.

Il roule sur l'or, il en est cousu.

DUTERRIER.

Sans que ça paraisse alors, petite sotte.

FRANÇOISE.

A preuve, tenez... Vous savez bien ce fauteuil qui venait de l'ancien mobilier du salon, qui était au grenier, et que mon père vous avait demandé pour mettre dans la loge.

DUTERRIER.

Oui, j'ai eu la générosité de lui en faire don.

FRANÇOISE.

Un jour, monsieur Robert l'aperçoit, « Vendez-moi ce fauteuil, qu'il s'écrie... Combien en voulez-vous? » Mon père, de mauvaise humeur contre lui, répond : « Cent francs.—Les voilà! » Il donne cent francs, et il emporte le vieux fauteuil.

DUTERRIER, stupéfait.

C'est un antiquaire... Cent francs pour un vieux fauteuil! (à Élise.) Au fait, il a l'air assez vénérable, ce monsieur Robert.

FRANÇOISE.

Et tout à l'heure, sous son bras, vous ne savez pas ce qu'il tenait... je l'ai bien vu aussi, malgré tout ce qu'il faisait pour le cacher, et ça n'est pas la première fois; bien souvent, le soir, je me suis aperçue qu'il portait sous son manteau...

DUTERRIER.

Quoi donc?

FRANÇOISE.

Des sacs...

DUTERRIER.

Bah! (à Élise.) Tu disais bien, il y a en lui quelque chose qui intéresse.

FRANÇOISE.

Et je suis bien sûre que cette pièce... c'est de son sac qu'elle est tombée.

DUTERRIER.

Voyons.

FRANÇOISE.

Oh! vous pouvez la regarder; ce n'est pas de la Monaco, allez; Napoléon, rien que ça!

DUTERRIER.

Je vous la donne...

ÉLISE.

N'as-tu rien découvert de plus?

FRANÇOISE *, mystérieusement.

Que si!... Il y a chez lui un vieux coffre avec des cercles de fer, des cadenas...

DUTERRIER.

Un coffre-fort?...

FRANÇOISE.

Et joliment fort... car il paraît lourd comme une cathédrale; et tout à l'heure, quand il était là...

DUTERRIER.

Le coffre?

FRANÇOISE.

Non, monsieur Robert; tout à coup voilà qu'il est devenu pâle, pâle... comme tout, parce qu'il s'est aperçu qu'il y avait laissé la clef. Il a vite couru chez lui en criant : « Je suis volé... je suis assassiné... » Hein! qu'est-ce que vous dites de ça?

DUTERRIER.

Je suis sûr que c'est un bien honnête homme... cela doit se voir sur sa figure.

ÉLISE.

Oh! oui, mon père!

DUTERRIER.

Je ne l'avais jamais regardé avec mon lorgnon, moi.

FRANÇOISE.

Alors ça n' m'étonne plus.

AIR : *On dit que je suis sans malice.*

J'conçois qu'il ait pu vous déplaire;
Mais il vous f'ra l'effet contraire
L'voyant à l'aid' de vot' lorgnon;
Vous f'rez l'premier pas sans façon.
D'aujourd'hui, pour vot' locataire,
Plus d'éloign'ment, la chose est claire...

(bas à Élise, montrant la pièce d'or.)

A son lorgnon j'ai mis c'verr'-là...
N'y a pas d'verr' qui rapproch' comm' ça.

DUTERRIER, regardant au dehors.

Chut! voilà monsieur Eugène. Tournure distinguée... un air plus qu'à son aise... Comment un jeune homme d'un aspect aussi brillan peut-il devoir le jour à un être aussi obscur?

FRANÇOISE, retournant s'asseoir.

Eh ben! à père avare, fils prodigue...

DUTERRIER.

Elle a trouvé le mot; voilà.

* Duterrier, Françoise, Élise.

SCÈNE XV.

LES MÊMES, EUGÈNE.

EUGÈNE, à part.

C'est elle ! Et devoir renoncer à ce bal... Personne qui puisse me présenter. (à Françoise.) Monsieur Robert est chez lui ?

DUTERRIER, s'avançant *.

Monsieur... mille millions de pardons...

EUGÈNE.

Vous m'appelez, monsieur ?

ÉLISE, à part.

Que va-t-il faire ?

DUTERRIER.

Vous allez me trouver bien léger... mais ignorant votre demeure, je n'ai pu vous adresser une invitation pour un petit bal que je donne ce soir.

EUGÈNE, à part.

Qu'entends-je !

ÉLISE, à part.

Il l'invite...

FRANÇOISE, à part, chantant.

« La danse n'est pas ce que j'aime...

EUGÈNE.

Vous m'invitez, moi... monsieur, à votre bal ?

FRANÇOISE, de même.

« Mais c'est la fille à Nicolas. »

DUTERRIER.

Je sais d'aujourd'hui seulement les liens de la nature qui vous unissent à monsieur Robert, un de mes estimables locataires...

EUGÈNE.

Je suis son fils.

DUTERRIER.

Je m'en veux de l'avoir ignoré aussi longtemps... mais ne demeurant pas ensemble... Au reste, il y a sans doute des raisons.

EUGÈNE.

Croyez que c'est malgré moi, monsieur ; mais envoyé en France pour mon éducation, j'ai dès ma jeunesse été séparé de mon père... Je ne puis d'ailleurs attribuer qu'à une bizarrerie le modeste logement qu'à son retour il a pris dans cette maison... où depuis je reviens tous les jours... (regardant Élise à la dérobée.) car elle contient tout ce que j'aime.

FRANÇOISE, à part.

Connu... Et Françoise a cru que c'était pour elle...

« Va-t-en voir s'ils viennent, Jean ! »

DUTERRIER.

Monsieur votre père a donc longtemps voyagé ?

EUGÈNE.

Il était planteur en Amérique.

DUTERRIER.

Oh ! Françoise ! (à Eugène.) Pardon ! (bas à

* Françoise assise, Eugène, Duterrier, Élise.

Françoise qui s'est approchée de lui.) A monsieur Robert, cette lettre d'invitation tout de suite. Planteur d'Amérique !

FRANÇOISE.

Et vous alliez le planter là ! Faut-il encore lui donner l'autre papier ?

DUTERRIER.

Du tout, du tout, rendez-moi...

FRANÇOISE.

Voilà, monsieur. (à part.) Ça prend une tournure... Je cours porter l'invitation.

« Youp ! l'or est une chimère... »

(Elle sort en sautant.)

SCÈNE XVI.

LES MÊMES, excepté FRANÇOISE.

EUGÈNE, à part.

Moi qui avais désespéré d'aller à ce bal !

DUTERRIER.

Ainsi, monsieur Eugène, à ce soir ; vous danserez avec ma fille, vous serez son cavalier.

EUGÈNE.

Monsieur, une pareille faveur m'ordonne la franchise, et je croirais abuser de votre confiance si j'en profitais sans vous dire que j'aime mademoiselle Élise, et que tous mes efforts tendront à l'obtenir de son amour et de vous.

DUTERRIER.

Je le savais, je le savais... ce n'est pas à un vieux singe qu'on apprend à faire des grimaces, et il n'est pas impossible...

ÉLISE, vivement.

O mon papa, que vous êtes gentil !

EUGÈNE.

Ah ! monsieur, je pourrais espérer...

DUTERRIER.

Oui, mes enfants, oui, espérez. L'espérance soutient l'homme jusqu'au tombeau... mais vous n'aurez pas besoin de cet appui-là si longtemps, et dès que j'aurai vu le père de monsieur Eugène...

AIR : *Amis, voici la riante semaine.*

Selon mes vœux, pour vous bientôt, je pense,
Va de l'hymen s'allumer le flambeau.
Le jour qu'il forme une telle alliance
Pour un bon père est le jour le plus beau.

EUGÈNE.

Que n'est-il là ? Le mien aussi, j'espère,
Partagerait ces doux épanchements...

DUTERRIER.

Oui, mes amis, il n'est pour un bon père
Qu'un seul bonheur, celui de ses enfants.

ENSEMBLE.

Un seul bonheur, celui de ses enfants.

ÉLISE.

Je crois entendre monsieur Robert...

SCÈNE XVII.

LES MÊMES, ROBERT, FRANÇOISE.

FRANÇOISE, à Robert.

Tenez, les v'là encore ensemble. Oh! là, là, cinq étages!

DUTERRIER, s'avançant d'un air gracieux *.

Monsieur Robert, ma domestique a dû vous remettre...

ROBERT, à part.

Ne sortons pas de mon caractère. (haut, d'un ton bourru.) Oui, monsieur, et j'apprends par là que vous donnez un bal. Je vous en fais mon compliment; de façon que votre porte restera ouverte toute la nuit... Entrera qui voudra, on pourra nous voler comme dans un bois... C'est affreux, monsieur, c'est indigne; quand on est responsable de la sûreté de ses locataires, on ne donne pas de bals dans sa maison, monsieur.

EUGÈNE, effrayé et bas à son père.

Mon père, que faites-vous?

FRANÇOISE, à part.

Sur quel escargot a-t-il marché donc?

DUTERRIER, toujours aimable.

Bannissez le souci, monsieur Robert; mes gens auront l'œil en sentinelle... vous pourrez sans crainte vous mêler à nos plaisirs.

ROBERT.

Moi! aller au bal... Ah! j'en suis revenu, je ne jette pas l'argent par les fenêtres, moi... Voilà mon costume de bal... je ferais une belle figure, n'est-ce pas?

DUTERRIER.

On ne juge point le sac sur l'étiquette... et d'ailleurs c'est tout-à-fait sans... étiquette.

ROBERT.

Je voudrais bien savoir qui vous a mis dans la tête de m'inviter; c'est sans doute mon beau muguet de fils! (à Eugène.)Dépensez votre argent en frisure et en escarpins si ça vous convient, monsieur; mais je vous dispense de me faire inviter n'importe où.

EUGÈNE, bas, d'un ton naturel.

Mon père, je vous en supplie...

ROBERT, de même.

Va-t-en.

DUTERRIER.

Monsieur Robert, prêtez-moi...

ROBERT, vivement.

Vous prêter!... Je ne prête pas, je n'ai rien à prêter.

DUTERRIER.

Prêtez-moi l'oreille... je voudrais vous parler...

ROBERT.

Vous pouvez mettre écriteau, monsieur; je

* Eugène, Robert, Duterrier, Elise, Françoise.

---

ne reste pas dans une maison où l'on donne des bals.

ÉLISE, à part.

O mon Dieu!

EUGÈNE, bas son père.

Vous me perdez; il sait que j'aime sa fille, et c'était pour s'entendre...

ROBERT, bas.

Va-t-en un moment, te dis-je; reviens tout à l'heure... (haut.)Qu'est-ce vous faites ici, drôle? avez-vous peur que le bal ne commence sans vous?

DUTERRIER, à Élise.

Ma fille, éloigne-toi; je vais le prendre par la douceur.

ÉLISE.

Lui qui avait l'air si bon!

FRANÇOISE, à part.

En v'là une sévère! Vieux Croque-Mitaine, va, Rabatjoie! Allez, tous les pères du monde peuvent se donner la main.

(Élise sort par le jardin, Eugène et Françoise par la coulisse qui conduit à la rue.)

SCÈNE XVIII.

ROBERT, DUTERRIER.

DUTERRIER.

Monsieur Robert...

ROBERT.

Voyons, qu'est-ce? encore une invitation?

DUTERRIER.

Tout doux, ne vous formalisez pas, je vous demande bien pardon de ma politesse.

ROBERT.

Votre politesse, elle est jolie!... Je vous rencontre dix fois par jour, et vous ne me saluez jamais.

DUTERRIER.

J'ai la vue très basse, je suis extrêmement borné sous ce rapport, et quand j'oublie mon lorgnon, je... je ne...

ROBERT.

Bref, pourquoi m'invitez-vous? On ne fait rien sans intérêt... quel est celui?...

DUTERRIER.

Un intérêt puissant... et j'espère que nous nous entendrons... Vous verrez que je suis rond en affaires... et quoique je vous connaisse fort peu...

ROBERT.

Oh! oh! moi, je vous connais... on m'a beaucoup parlé de vous... à la Havane.

DUTERRIER.

A la Havane?

ROBERT.

N'y avez-vous pas un frère?

DUTERRIER.

Vous l'auriez vu ?

ROBERT.

Très souvent.

DUTERRIER, à part.

Il m'a fait tort dans son esprit. (haut.) Oh ! oh! il y avait entre nous un petit refroidissement... des contestations... d'intérêt...

ROBERT, avec intention.

Il n'en a jamais rien dit à personne.

DUTERRIER, rassuré.

Ce bon frère! je l'ai toujours aimé. Pourquoi reste-t-il aussi longtemps éloigné de ses proches ?

ROBERT.

Il reviendra peut-être.

DUTERRIER, avec inquiétude.

Ah ! ah! vous croyez qu'il pourrait revenir ?

ROBERT.

Je ne sais, il me semble qu'il devait vous faire écrire... Vous lui avez répondu, sans doute ?

DUTERRIER.

Oui, oui... j'ai répondu... (changeant de ton.) Mais puisque vous étiez son ami... nous ne sommes plus étrangers l'un à l'autre, et nous serons plus vite d'accord sur la petite affaire dont je voulais vous parler.

ROBERT.

Eh bien! voyons, qu'est-ce ?

DUTERRIER.

Vous avez un fils...

ROBERT.

Parbleu ! je le sais bien, il m'est assez cher.

DUTERRIER, à part.

Assez cher... avare! (haut.) Apprenez que ma fille l'aime.

ROBERT.

Eh! il est assez joli garçon pour ça ; il ne sera pas embarrassé de trouver vingt femmes.

DUTERRIER.

Mais il ne peut en épouser qu'une, et ma fille aura une dot... une belle dot... (appuyant sur chaque syllabe.) une dot ! (à part.) Ils aiment beaucoup ce mot-là, les avares.

ROBERT.

Eh bien! voyons, cela peut s'arranger.

DUTERRIER, à part.

Il s'adoucit... (haut.) C'était pour causer de cela.

ROBERT.

C'est différent... j'irai au bal... je suis tout porté; cinq étages à descendre, je n'aurai pas de frais de voiture.

DUTERRIER, à part.

Comme il calcule!

ROBERT.

Vous dites que vous donnez à votre fille...

DUTERRIER.

Cinquante mille écus... Il faut bien se fendre un peu... et vous?

ROBERT.

Moi, rien.

DUTERRIER.

Quoi ! vous ne donnez...

ROBERT.

Je n'ai rien... Que voulez-vous que je lui donne ?

DUTERRIER, à part.

Il ne fera rien de son vivant.

ROBERT.

Cinquante mille écus en dot... ce n'est pas mal.

DUTERRIER.

Et... et en espérances, que lui laisserez-vous ?

ROBERT.

Rien... et vous ?

DUTERRIER.

Autant.

ROBERT.

Hein ?

DUTERRIER.

Je veux dire cinquante mille écus... Ça vous fait sourire... Je suis sûr que vous nous ménagez une surprise.

ROBERT.

Quelle surprise ?... puisque je n'ai rien.

DUTERRIER, ricanant.

Eh ! eh ! je suis un fin renard.

AIR de l'Ecu de Six francs.

De n'être point sot je me pique;
Bien fin qui m'induit en erreur.
Vous, n'avoir rien !... En Amérique,
N'avez-vous pas été planteur ?
Oui... Salut à bon entendeur.

ROBERT.

Votre logique est des plus sages ;
Selon vous, ne dirait-on pas
Que, dès qu'on plante des tabacs,
Il doit pousser des héritages?

DUTERRIER.

Je ne vous demande pas de compter avec moi ; établissons seulement que votre fils sera unique héritier.

ROBERT.

Oh! oh! l'inventaire sera bientôt fait : un lit, une table, un vieux coffre, et... un fauteuil.

DUTERRIER, à part.

Tout est dans son coffre de fer.

ROBERT.

Voilà... c'est à prendre ou à laisser... Voulez-vous ?... Tope. Vous ne voulez pas? Serviteur.

DUTERRIER, vivement.

Je tope... il suffit que ma fille aime votre fils... Je prends sans dot... Eh ! eh ! sans dot... (à part.) Ils adorent ce mot-là, les avares... (haut.) Est-ce dit ?

ROBERT.

C'est convenu ; je vais chez mon homme d'affaires.

DUTERRIER, à part.

Son homme d'affaires! et il prétend qu'il n'a rien... J'ai su le prendre dans la nasse.

ROBERT, à part.

Il s'est pris lui-même.

DUTERRIER, haut.

Ce bon monsieur Robert!

ROBERT.

Cet excellent monsieur Duterrier!

(Ils se prennent la main.)

ENSEMBLE.

AIR du final du Postillon.

ROBERT.

L'agréable famille
Que nous ferons bientôt!
Oh! oui, pour votre fille,
Mon fils est ce qu'il faut.

DUTERRIER.

L'agréable famille
Que nous ferons bientôt!
Pour l'époux de ma fille
Son fils est ce qu'il faut.

(Pendant cet ensemble Élise a paru d'un côté, et Eugène de l'autre.)

EUGÈNE, à Robert, au moment où celui-ci va pour sortir.

Mon père, vous semblez bien joyeux...

ROBERT, bas.

Tout va bien.

ÉLISE, de l'autre côté, à son père.

Eh bien! mon père...

DUTERRIER, bas.

Tout va bien.

ROBERT, à Eugène.

Va m'attendre là-haut dans ma chambre... Tiens, voilà la clef... Au revoir, monsieur Duterrier.

(Il sort.)

SCÈNE XIX.

EUGÈNE, DUTERRIER, ELISE, puis FRANÇOISE.

DUTERRIER, les prenant par la main.

Oui, mes enfants, *Conclusum est*. Je suis si content que j'en parle latin; tout marche à merveille.

ÉLISE.

Est-il possible!

DUTERRIER.

Ah! une idée... Pendant que monsieur Robert est sorti, préparons-lui une surprise... (appelant.) Françoise!

ÉLISE.

Que voulez-vous faire?

DUTERRIER.

Tu le sauras... Mais voyez si elle viendra?... cette petite fille me fera maigrir, elle me fera dessécher sur pied... Françoise!

FRANÇOISE, paraissant.

Voilà, voilà!

DUTERRIER.

Ah! enfin.

FRANÇOISE, se frottant la joue.

C'est le facteur qui apportait des lettres... (à part.) Sa barbe pique joliment, au facteur.

DUTERRIER.

Françoise, faites venir Joseph, John, tous mes gens... (à Eugène.) J'ai dans mon aile un appartement au premier, fraîchement décoré et orné de glaces... monsieur votre père vous a laissé sa clef.

FRANÇOISE, qui a disparu un moment, revient suivie de deux domestiques.

Monsieur, voilà vos deux gens.

DUTERRIER.

John, Joseph! montez à la chambre de monsieur Robert, et transportez vite tous ses meubles dans l'appartement du premier, par le grand escalier.

FRANÇOISE, à part.

Changement à vue.

DUTERRIER, à Eugène.

Donnez-vous la peine, monsieur Eugène, de guider leurs pas.

EUGÈNE.

Monsieur, je ne sais si...

DUTERRIER.

Je ne dois pas souffrir que le père de mon gendre reste dans une mansarde.

EUGÈNE.

Ah! monsieur, que de bontés!

(Il sort.)

DUTERRIER, à ses domestiques.

Allez... et surtout prenez bien garde aux objets de monsieur Robert... ne cassez rien.

FRANÇOISE, à part.

Oui, ça serait dommage... (sortant au pas militaire devant les domestiques.)

« En avant! marchons! »

SCÈNE XX.

DUTERRIER, ÉLISE.

ÉLISE.

Quoi! mon bon petit père, tout est convenu?

DUTERRIER.

Oui, tout... Il n'y a qu'une chose qui me contrarie... c'est que monsieur Robert ait connu mon frère aux antipodes.

ÉLISE.

Mon oncle! Vous ne m'en avez jamais parlé.

DUTERRIER.

Parce que ce n'est pas un oncle digne de ces fonctions... Ce n'est pas celui-là qui te laissera jamais rien... au contraire... il est en Amérique et c'est lui qui voudrait hériter... Le monde renversé... Voilà deux fois qu'il me donne de l'humeur en une journée... Ce matin c'était cette lettre.

ÉLISE.

Elle était pour lui ?

DUTERRIER.

Il me persécute de réclamations ; mais sois tranquille tu seras mariée à monsieur Eugène... je suis sûr qu'il est millionnaire.

ÉLISE.

Il m'aime.

DUTERRIER.

Il me tarde de voir le coffre qui contient ses trésors.

SCÈNE XXI.

LES MÊMES, FRANÇOISE, portant un grand portefeuille, LES DOMESTIQUES, chargés de vieux meubles.

FRANÇOISE.

Place place ! voilà le cortége.

DUTERRIER, aux domestiques.

Déposez cela ici d'abord... vous remonterez quand tout sera descendu.

FRANÇOISE, jouant avec le portefeuille.

Voilà-t-il un souvenir monstre... portefeuille de poche... Tiens... dites donc, monsieur, il y a votre nom dessus.

DUTERRIER.

Mon nom ?

FRANÇOISE, lisant.

Anselme Duterrier.

DUTERRIER.

Je m'appelle Philidor... mais c'est le nom de mon père... Françoise, je destituerai mon concierge ; il aura encore pris ce portefeuille dans le grenier pour le vendre comme le fauteuil.

FRANÇOISE.

Pour ça j'en ignore... (Un domestique rentre, portant un vieux fauteuil.) Tenez, v'là le fauteuil... il y a mis une housse, s'il vous plaît. Jésus, mon Dieu ! une housse ! ce n'était pas la peine... elle est un peu fanée la bergère... En v'là des bric-à-brac, des reliques, des moyen-âge !... Dites donc, monsieur, il est meublé en rococo, comme le peintre du troisième.

DUTERRIER.

Françoise, cessons ces quolibets incongrus.

FRANÇOISE.

Attention, v'là le coffre-fort.

(Les domestiques rentrent portant le coffre qu'ils déposent à terre.)

DUTERRIER, aux domestiques.

AIR de M. Doche.

Bien ! Sans retard portez la chose
Dans l'appartement du premier.

FRANÇOISE.

Attendez donc qu'un instant on se r'pose
C'est lourd à descend' d'un grenier.

DUTERRIER.

Tout doucement... prenez bien garde.

(Les domestiques relèvent le coffre ; il s'échappe de leurs mains et s'ouvre.)

DUTERRIER.

Ciel ! maladroits, que faites-vous ?

SCÈNE XXII.

LES MÊMES, EUGÈNE, puis ROBERT.

EUGÈNE.

Que vois-je ?

DUTERRIER.

Ah ! Dieu ! plus je regarde...
Ce sont des clous...

FRANÇOISE.

Et même des vieux clous !

ENSEMBLE.

DUTERRIER.

C'est une horreur, une infamie !
Tromper ainsi ma bonne foi !
Que n'est-il là ! Dans ma furie,
Je le chasserais de chez moi.

EUGÈNE et ÉLISE.

Quel accident ! Que signifie
Un pareil tour ? Ah ! je le vois,
Toute espérance m'est ravie !
Il n'est plus de bonheur pour moi !

FRANÇOISE et LES DOMESTIQUES.

C'est des clous ! Quelle ignominie !
De bon cœur j'en ris malgré moi.
Vieux grigou ! C'est une avanie !
Faut donc qu'il n'ait ni foi ni loi.

ROBERT, entrant.

Que vois-je ? Violation de domicile !

TOUS.

C'est lui !

ROBERT.

De quel droit, en mon absence ?...

DUTERRIER.

Monsieur, c'est à vous de répondre. Vous m'avez trompé ; ce n'est pas de l'argent qu'il y a dans ce coffre.

ROBERT.

Je n'ai trompé personne... je vous l'ai dit, je n'ai rien.

DUTERRIER, avec désespoir.

De la vieille ferraille !

ROBERT.

C'est mon industrie à moi.

FRANÇOISE.

Planteur de clous rouillés.

ROBERT.

Précisément... Un petit fonds de commerce préparé pour le cas où je ne parviendrais pas à me faire restituer une fortune qui m'appartient.

DUTERRIER.

Et moi qui avais la bonté de l'estimer comme un avare... Il attend une fortune... moi, je n'attends pas... Viens, ma fille, rien de commun avec un intrigant.

EUGÈNE.

Monsieur ! pour que je n'oublie pas que mademoiselle est votre fille, n'oubliez pas non plus que c'est à mon père que vous parlez.

ROBERT.

Je ferai bien mes affaires moi-même. Monsieur, ces papiers vous diront qui je suis.

DUTERRIER.

Ces papiers... (Il regarde; inquiétude de tout le monde.) Ciel ! mon frère !

TOUS.

Son frère !

DUTERRIER.

Vous ?

ROBERT.

Jacques Duterrier, parti à vingt ans sous le nom de Robert... parce qu'il avait toujours eu à souffrir de la sévérité de son père, dont vous étiez le Benjamin... et qu'à la suite d'une folie de jeunesse, banni de la maison paternelle, il avait dû s'embarquer. Voici la lettre où vous refusez de partager avec moi l'héritage de nos parents... Si j'étais seul, je ne vous l'aurais jamais demandé, quoiqu'un naufrage ait englouti tout ce que je possédais... le fruit de trente ans de travail... Mais, Dieu merci ! mon fils ne connaîtra point la pauvreté... vous lui avez promis votre fille...

DUTERRIER.

Mais écoutez donc, s'il doit renoncer à la fortune... cela change, diable... ça change.

ROBERT.

Ah ! voilà le grand mot... la fortune ! C'est vous qui l'avez, sa fortune... et je pourrais invoquer la loi... Rassurez-vous, je ne veux pas mettre au jour des secrets de famille; cette fortune à laquelle vous tenez tant, gardez-la.

AIR : *Epoux imprudent.*

Par mon travail j'avais su m'en faire une,
    Et le sort l'a réduite à rien.
Gardez-la donc, gardez votre fortune;
Je ne veux pas vous ôter votre bien;
Adieu, je pars... mais j'emporte le mien.

Il m'est resté, dans ma misère...
Juste assez d'or... Moi, pauvre, en un grenier,
    Pour payer à votre portier
    Le vieux fauteuil de notre mère.

Viens, Eugène.

ÉLISE.

Mon père !

FRANÇOISE.

Monsieur, voilà des voitures qui s'arrêtent à la porte... c'est peut-être du monde qui arrive.

ROBERT.

Pour votre bal... (Il tire son invitation de sa poche.) Eh ! mais, je suis invité aussi, moi... Ah ! parbleu ! je reste à la fête, et quand on demandera : « Qui est donc ce pauvre bonhomme ? » je dirai : « bonjour, frère... Je m'en vais à ma boutique.»

DUTERRIER, effrayé.

Silence, de grâce !

FRANÇOISE.

Monsieur, on entre.

ROBERT.

Eh bien ! entrons les premiers.

DUTERRIER, l'arrêtant.

Jacques... Jacques, songe donc à ton costume... j'ai eu des torts envers toi... que dirait ma société... je veux tout réparer... embrassons-nous d'abord.

ROBERT.

Ah ! à la bonne heure !... Avec bien de la joie, frère.

(Ils s'embrassent.)

FRANÇOISE, à part.

Son frère... Eh bien ! ils se ressemblent, sauf le physique.

DUTERRIER.

Et ne crois pas que ce soit à cause de la menace que tu m'as faite de paraître ainsi... du tout.

FRANÇOISE, à part.

Au contraire.

DUTERRIER.

C'est par tendresse fraternelle, et la preuve... c'est que je veux te faire cadeau à l'instant d'un habillement complet, et tout neuf, que j'ai là-haut.

ROBERT, riant.

Ah ! ah ! tout ce que tu voudras.

FRANÇOISE, à part.

Il sera collant, le costume !

ROBERT.

J'accepte... mais pour toi.

DUTERRIER, les larmes aux yeux.

Ce bon frère... Allons, nous n'avons pas le temps de pleurer... allons danser... (à Elise.) toi, ma fille, avec ton mari... (à Françoise, montrant les meubles.) et qu'on achève de transporter tout cela... excepté...

FRANÇOISE.

Oui, les... Fonds de commerce à céder.

CHŒUR.

AIR de la Cracovienne.

Pour fêter cet heureux jour,
Qu'à la danse
On s'élance;
De deux cœurs un doux retour
Couronne l'amour.

FIN DU COFFRE-FORT.

IMPRIMÉRIE DE E. DUVERGER, RUE DE VERNEUIL, N° 4.

FRANCE DRAMATIQUE.

PIÈCES EN VENTE :

La Seconde Année.
L'Ecole des Vieillards.
L'Ours et le Pacha.
Le Camarade de lit.
Le Mari et l'Amant.
Les Malheurs d'un Amant heureux.
Henri III, et sa cour.
Un Duel sous le cardinal de Richelieu.
Calas, de Ducange.
Michel et Christine.
Le Mariage de raison.
L'Homme au Masque de fer.
La Jeune Femme colère.
L'Incendiaire.
La Vieille.
Le Jeune Mari
La Demoiselle à marier.
Les Vêpres Siciliennes.
Le Budget d'un jeune ménage.
L'Auberge des Adrets.
Philippe.
La Dame blanche.
Toujours.
Dix ans de la vie d'une femme.
Le Lorgnon.
Bertrand et Raton.
Une Faute.
Le ci-devant jeune homme.
Marie Mignot.
Pourquoi ?
Richard d'Arlington.
La Chanoinesse.
Les Comédiens.
L'Héritière.
Léontine.
Le Gardien.
Dominique.
Le Philtre Champenois.
Le Chevreuil.
Le Charlatanisme.
Vert-Vert.
Brueis et Palaprat.
Une Fête de Néron.
Le Mariage extravagant.
Le Paysan perverti.
Pinto, en 5 actes.
La Carte à payer.
Le Mari de ma femme.
Les vieux Péchés.
Luxe et Indigence.
Zoé.
Louis XI.
Ninon chez madame de Sévigné.
Robin des Bois.
Marius.
Marie Stuart.
Les Rivaux d'eux-mêmes.
La famille Glinet.
Les Héritières.
Jeanne d'Arc.
Les Maris sans femmes.
L'Assemblée de famille.
Mémoires d'un Colonel de Hussards.
Le Paria.
Les Deux Maris.
Le Médisant.
La Passion secrète.
Rabelais.
Les Deux Gendres.
Estelle.
Trente Ans.
Le Pré-aux-Clercs.
La Poupée.
La Tour de Nesle.

Changement d'uniforme.
Une Présentation.
Madame Gibou et Madame Pochet.
Est-ce un rêve ?
Fra-Diavolo.
Robert-le-Diable.
Le Duel et le Déjeuné.
Zampa.
Avant, Pendant et Après.
Les Projets de mariage.
Un premier Amour.
Napoléon, ou Schœnbrunn et Sainte-Hélène.
La Courte-Paille.
Le Hussard de Felsheim.
1760, ou les trois Chapeaux.
Rigoletti.
Robert Macaire.
Frédégonde et Brunehaut.
Gustave III.
Elle est folle.
L'Abbé de l'Epée.
Un Fils.
Les infortunes de M. Jovial.
M. Jovial.
Victorine.
Catherine, ou la Croix d'or.
La Belle-Mère et le Gendre.
Heur et Malheur.
Il y a Seize ans.
L'Héroïne de Montpellier.
C'est encore du Bonheur.
La Mère au bal, et la Fille à la maison.
Jean.
Les Etourdis.
Valérie.
Faublas.
Picaros et Diégo.
La Démence de Charles VI.
Une Heure de mariage.
Madame Du Barry.
Le Voyage à Dieppe.
Les Anglaises pour rire.
La Fille d'honneur.
Un Moment d'imprudence.
Le Dîner de Madelon.
Les Deux Ménages.
Le Bénéficiaire.
Les Malheurs d'un joli Garçon.
Robert, chef de Brigands.
Michel Perrin.
Une Journée à Versailles.
Le Barbier de Séville.
Les Cuisinières.
Le nouveau Pourceaugnac.
Maric.
Le Secrétaire et le Cuisinier.
Clotilde.
Le Bourgmestre de Saardam.
Le Roman.
Le Coin de rue, ou le Rempailleur de chaises.
Le Célibataire et l'homme marié.
La Maison en loterie.
Les Deux Anglais.
Le Mariage impossible.
La Ferme de Bondi.
Werther.
La Prison d'Edimbourg.
La première Affaire.
La Famille de l'apothicaire.
Don Juan d'Autriche.
L'Enfant trouvé.

Le Poltron.
Le Facteur.
Misanthropie et Repentir.
Le Châlet.
Perrinet Leclerc.
Moiroud et Compagnie.
Agamemnon.
Chacun de son côte.
Le Vagabond.
Thérèse.
Sans Tambour ni Trompette.
Marino Faliero.
Fauchon la Vielleuse.
Prosper et Vincent.
Glenarvon.
Le Conteur.
Le Caleb de Walter Scott.
La Dame de Laval.
Carlin à Rome.
Les Deux Philibert.
Les Couturières.
Couvent de Tonnington.
Le Landaw.
Une famille au temps de Luther.
Les Poletais.
Honorine.
Angéline.
La Princesse Aurélie.
Les Petites Danaïdes.
Sophie Arnould.
Un Mari charmant.
Les deux Frères.
Madame Lavalette.
La Pie Voleuse.
La Famille improvisée.
Les Frères à l'épreuve.
Le marquis de Carabas.
La Belle Ecaillière.
Les Deux Jaloux.
La Laitière de Montfermeil.
Les Bonnes d'Enfants.
Farruck le Maure.
Monsieur Sans-Gêne.
Madame de Sévigné.
M. Chapolard.
La Camargo.
Préville et Taconnet.
Le Bourru bienfaisant.
La Fille de Dominique.
Le Philosophe sans le savoir.
Rossignol.
Deux vieux Garçons.
La jeunesse du duc de Richelieu.
Le père de la Débutante.
L'Avoué et le Normand.
La Juive.
Un Page du Régent.
Les Indépendants.
Les Huguenots.
Mal noté dans le quartier.
L'Idiote, drame en 4 actes.
Suzette.
Guillaume Colmann, dr. en 5 actes.
Les Deux Edmond.
Le Serment de Collège.
La Vie de Garçon.
La Camaraderie.
Le Commis-Voyageur.
La Liste de mes Maîtresses.
Alix, ou les Deux mères.
99 Moutons et un Champenois.
Harnali, parodie.
Un Ange au sixième étage.
Frascati, vaud. en 5 actes.

La Cocarde tricolore.
La Muette de Portici.
La Foire Saint-Laurent.
Clermont.
Le Pioupiou, v. en 3 actes.
Le Perruquier de la Régence.
Le Chevalier du Temple.
Le Mariage d'argent.
Le Camp des Croisés avec une préface et une Lettre de Victor Hugo à l'auteur.
Mademoiselle d'Aloigny.
Une vision, ou le Sculpteur.
Le Bourgeois de Gand.
Le Pauvre Idiot, d. 5 actes.
Louise de Lignerolles, dr. en 5 actes.
L'Homme de Soixante ans.
Marguerite.
La Belle-Sœur.
Céline la Créole, ou l'opinion, dr. en 5 actes.
Mademoiselle Bernard, ou l'autorité paternelle.
Précepteur à vingt ans.
Madame Grégoire.
La Cachucha.
Samuel le marchand, dr. en 5 actes.
Guillaume Tell, op. 4 a.
Henri Hamelin, drame en 5 actes.
Un testament de dragon.
Le Ménestrel, com. 5 a.
Les Bayadères de Pithiviers, vaud. en 3 tab.
Peau d'âne, en 5 a.
L'ouverture de la Chasse.
La Vie de Château
Thérèse, opéra comique.
L'Obstacle imprévu.
Richard Savage, dr. 5 a.
Le Grand-Papa Guérin.
Le Général et le Jésuite, drame en 5 actes.
La Boulangère a des écus.
Don Sébastien de Portugal, trag. en 5 actes.
C'est Monsieur qui paie.
Mademoiselle Clairon.
Ruy-Brac, parodie de Ruy-Blas.
Une Position délicate.
Randal, dr. en 5 actes.
L'Enfant de Giberne.
Sept Heures.
Un bal de Grisettes.
Caudiuot, roi de Rouen.
Françoise et Francesca.
La Mantille.
Les Trois Gobe-Mouches.
Le Postillon Franc-Comtois.
Mademoiselle Nichon.
Dagobert.
Les Maris vengés.
Une Sainte-Hubert.
La Fille d'un Voleur.
Les Serments.
Le Planteur.
Jaspin, com.-vaud.
Le Père Pascal.
Nanon, Ninon et Maintenon.
Phœbus.
Les Camarades du ministre.
Vingt-six ans.
La Canaille.
L'Eclair.

L'intérieur des Comités révolutionnaires.
La Laitière de la Forêt.
Bobêche et Galimafrè.
La Femme Jalouse.
Le Panier Fleuri.
Le Protégé.
Le Diamant.
Les Treize.
L'Eau merveilleuse.
Le Naufrage de la Méduse.
Geneviève la Blonde.
Industriels et Industrieux.
Le Pied de mouton.
La Grande Dame.
Passé Minuit.
Le Susceptible.
Le Pacte de Famine.
Le Tribut des Cent Vierges.
Isabelle de Montréal.
Une Visite nocturne.
Madame de Brienne.
Un Ménage parisien.
Les Brodequins de Lise.
Valentine.
La Belle Bourbonnaise.
Mademoiselle Desgarcins.
Passé Midi.
Les trois Quartiers.
La Nuit du Meurtre.
La Fiancée.
Les Ouvriers.
Un Jeune homme charmant.
L'Elève de Saumur.
La Carte blanche.
Chantre et Choriste.
Les Chansons de Béranger.
La Fille du musicien.
La Rose Jaune.
Le Shérif.
Les Filles de l'Enfer.
César ou le Chien du château Eustache.
Argentine.
L'Amour.
La Fiancée de Lammermoor
Le Père de Famille.
Bélisario.
Le Débardeur.
La Symphonie.
Sujet et Duchesse.
Ecorce russe et Cœur français.
Un Scandale.
Le Bambocheur.
Le Philtre, opéra.
Le Tasse.
Léonide.
A Minuit.
Le Coffre-fort.

IMPRIMERIE DE E. DUVERGER, RUE DE VERNEUIL, N° 4.